LIBRO DE COCINA DE PASTA CETOGÉNICA

Pasta y Fideos Caseros Bajos en Carbohidratos

Incluye Recetas Fáciles para las Opciones de Pasta Comercial

Elizabeth Jane

LIBRO DE COCINA
DE PASTA CETOGÉNICA

Inspiraliza Tu Dieta Cetogénica

CONTENIDO

Introduction 9
How Does This Book Work? 11
   Consejos para Hacer la Mejor Pasta Cetogénica 12
Utensilios Útiles de Cocina Para Hacer Pasta 13
También Te Podría Gustar 14
Free Keto Sauces 15

Base Recipes

Espagueti Bajo en Carbohidratos (SL, SG) 19
   Fideos de Huevo (SG) 20
Fideos de Huevo con Col Rizada y Ajo (SG) 21
"Fideos" de Vegetales Mixtos (SL, SG, V) 22
Fideos de Col (Repollo) (SG) 23
Fideos de Zanahoria y Jengibre Rallados (SL, SG, V) 24

Recipes

Spaghetti Recipes

Espagueti a la Boloñesa (SG) 28
Espaguetis de Pizza de Pepperoni (SG) 29
Scampi de Camarones (SG) 30
Espaguetis Horneados con Tres Quesos (SG) 31
Espagueti y Albóndigas (SG) 32
Espagueti con Camarones y Pesto de Albahaca (SG) 33
Espagueti de Pavo y Cebolla Caramelizada (SG) 34

Espagueti Cremoso de Ajo y Espinacas (SG) 35
Espagueti con Salsa de Tomate Picante (SG) 36
Fideos de Espagueti con Perejil y Limón (SG) 37
Fideos Vegetarianos Cremosos con Ajo (SG, SL) 38
Satay Cetogénico de Coco en 5 Minutos (SG, V) 39
Fideos de Mantequilla, Parmesano y Perejil (SG) 40
Fideos Cetogénicos Asiáticos con Sésamo (Ajonjolí) Picantes (SG, V) 41
Espagueti de Macarrones con Queso (SG) 42

Vegetable Based Noodle Recipes

Pad Thai (SG) 44
Fideos de Zanahoria y Jengibre con Salsa de Maní Asiática (SG, SL) 45
Fideos con Ajo y Parmesano (SG) 46
Fideos de Vegetales y Albóndigas (SG) 47
Albóndigas de Pavo con Ajo y Albahaca con Fideos de Vegetales (SG) 48
Fideos de Vegetales con Ajo, Mantequilla y Parmesano (SG) 49
Fideos de Zanahoria con Ajo, Cebolla y Mantequilla (SG) 50
Fideos de Cebolla Caramelizada y Col (Repollo) con
Pollo y Queso mozzarella (SG) 51
Pasta Alfredo Cremosa con Salchicha y Pimientos (SG) 52
Fideos de Zanahoria con Pavo y Brócoli (SG) 53
Fideos de Vegetales con Salsa Boloñesa (SG) 54
Fideos de Vegetales de Ensalada Griega (SG) 55
Fideos de Vegetales con Pepino y Queso Feta (SG) 56
Fideos de Vegetales con Tomate, Feta y Albahaca 57

Egg Noodle Recipes

Fideos de Huevo con Col Rizada y Ajo con Salsa de Mantequilla Dulce (SG) 60

Store-Bought Pasta Recipes

- Lasaña Cetogénica (SG) 62
- Keto Beef Lasagna (GF) 63
- Lasaña de Pavo (SG) 64
- Fideos Shirataki con Salsa de Ajo, Tomate y Albahaca (SG) 65
- Fideos Shirataki con Salmón y Salsa Cremosa de Ajo (SG) 66
- Horneado de Pasta de Atún (SG) 67
- Fideos de Singapur (SG) 68
- Pasta Primavera (SG) 69
- Fetuccini con Pesto Cremoso de Aguacate (SG) 70
- Fideos Shirataki con Salsa de Vodka y Pasta Penne (SG) 71
- Fetuccini con Salsa de Mantequilla de Almendras (SG) 72
- Fideos con Salsa Cremosa de Ajo y Queso Cheddar (SG) 73
- Fideos con Salsa Holandesa de Eneldo (SG) 74
- Fetuccini con Salsa Cremosa de Vegetales (SG) 75

INTRODUCCIÓN

Si te encanta la pasta, pero no te encantan los carbohidratos que conlleva, te van a fascinar estas recetas. Decidí hacer un libro de pasta cetogénica con el fin de seguir disfrutando mis recetas favoritas de pasta, ¡sin perder el estado de cetosis! Además, también descubrí que tener que renunciar a algunos de los alimentos reconfortantes más populares, como los espaguetis con albóndigas o la lasaña, puede hacer que una dieta cetogénica parezca abrumadora. Sin embargo, este libro hace posible que disfrutes tus recetas favoritas de pasta, sin sentir culpa.

Este libro incluye recetas que usan fideos de pasta caseros (en caso de que te guste cocinar), o recetas que usan opciones de pasta cetogénica que puedes encontrar fácilmente en tu supermercado local. Estas opciones rápidas son perfectas si lo que buscas es una receta que requiera poco tiempo de preparación y no use demasiados ingredientes. Si te sientes audaz, ¡también hay muchas recetas de pasta casera!

También encontrarás seis recetas básicas de fideos caseros que puedes combinar con muchas de las recetas de este libro.

Espero que este libro te inspire un poco y te enseñe cómo puedes seguir preparando tus recetas favoritas de pasta incluso si sigues una dieta cetogénica.

Si tienes alguna pregunta o sugerencia, envíame un correo electrónico: elizabeth@ketojane.com.

Si te encantó el libro y te gustaría dejar una reseña, por favor sigue el siguiente enlace a Amazon:

http://ketojane.com/PastaReview

Mis mejores deseos.

Elizabeth

¿CÓMO FUNCIONA ESTE LIBRO?

Este libro de cocina contiene consejos útiles para ayudarte a obtener los mejores resultados posibles. Cada receta incluye una de las diez recetas base de pasta, que encontrará al comienzo del libro.

También observarás que hay cinco símbolos en la parte superior derecha de cada receta. A continuación, te detallo la clave para dichos símbolos:

Tiempo de Preparación:
Es el tiempo requerido para preparar la receta. Este no incluye el tiempo de cocción.
Tiempo de Cocción:
Es el tiempo requerido para cocinar la receta. Este no incluye el tiempo de preparación.

Porciones:
Es la cantidad de porciones que rinde cada receta. Estas se pueden ajustar. Por ejemplo, al duplicar la cantidad de todos los ingredientes, puedes hacer el doble de porciones. Solo recuerda duplicar la receta base también.

Nivel de Dificultad:
1: Es una receta fácil de preparar que se puede elaborar con unos cuantos ingredientes y en poco tiempo.
2: Estas recetas son un poco más difíciles y requieren mucho tiempo, pero siguen siendo bastante fáciles, ¡incluso para principiantes!
3: ¡Estas recetas son más avanzadas para el cocinero aventurero! No verás demasiadas recetas de Nivel 3 en este libro. Estas recetas son ideales para las ocasiones en las que puedes pasar un poco más de tiempo en la cocina y cuando quieres hacer algo fuera de lo común.

Costo:
$: Es una receta diaria de bajo presupuesto.
$$: Receta de precio moderado, ni cara ni barata.
$$$: Receta más cara que, es ideal para servirla en una reunión familiar o fiesta. Estas recetas tienden a contener ingredientes caros.

Etiquetas Dietéticas:
V: **Vegetariana:** Las recetas vegetarianas no contienen carne, pero pueden contener algunos productos lácteos como crema espesa o queso, y huevos.
SG: Sin Gluten
P: Paleo

CONSEJOS PARA HACER LA MEJOR PASTA CETOGÉNICA

Quiero empezar compartiendo algunos consejos para hacer la pasta de cetogénica perfecta. Esta es una guía general con algunos consejos y trucos que me han resultado útiles sobre la marcha.

Prepara las Recetas Base Con Anticipación
Dado que todas las recetas de este libro se basan en las recetas de pasta base, para ayudarte a ahorrar tiempo puedes preparar las recetas base con anticipación. Algunas saldrán mejor si las cocinas el mismo día, pero puedes preparar la pasta, dejarla sin cocinar, y almacenarla en el refrigerador o congelador para cocinarla al día siguiente.

Vigila el Tiempo de Cocción
Casi todas las recetas de pasta base solo requieren de 1 a 5 minutos de cocción. Esto es muy diferente a lo que estás acostumbrado con la pasta tradicional, así que ten esto en cuenta y ten cuidado de no cocinar demasiado los fideos.

Trucos Generales Para Convertirte en un Chef Profesional En La Elaboración de Pasta Cetogénica
- Duplica o triplica las recetas para que las congeles y las uses más tarde.
- Ten listos todos tus utensilios para hacer pasta cetogénica.
- Cuando drenes tu pasta cetogénica cocida, hazlo con mucho cuidado, ya que los fideos van a ser más frágiles en comparación con la pasta normal.
- Enjuaga l pasta cetogénica cocida de inmediato para evitar que se pegue.
- Utiliza una grasa como el aceite de oliva, para mezclar la pasta cetogénica cocida y evitar que se pegue.

Opciones de Pasta Cetogénica Precocinada Comercial
¿Necesitas una opción rápida? Aquí hay algunas opciones de pasta cetogénica precocinada comercial que puedes comprar en la mayoría de los supermercados locales. ¡En este libro te comparto algunas recetas que incluyen algunos de estos fideos rápidos listos para usar! Prueba estas recetas cuando tengas poco tiempo o no tengas ganas de elaborar tu propia pasta cetogénica casera.
- Fideos Shirataki (Konjac)
- Fideos Finos Paleo
- Miracle Noodles (marca)
- Lasaña de la marca Palmini

UTENSILIOS ÚTILES DE COCINA PARA HACER PASTA

Con el paso de los años, encontré un puñado de utensilios de cocina que hacen que cocinar sea mucho más sencillo. Deseaba armar una lista de mis utensilios de cocina favoritos para ayudarte a preparar la pasta cetogénica perfecta. Estos son los utensilios básicos en mi cocina y algunas de mis mejores inversiones, porque se pueden usar para elaborar docenas de recetas diferentes:

Espiralizador de Vegetales

Rallador de Queso

Recipientes para Almacenar Vegetales

Tabla de cortar de Bambú

Colador de Acero Inoxidable

Colador de Pasta de Silicón

Colador Araña de Acero Inoxidable

TAMBIÉN TE PODRÍA GUSTAR

Sopa Cetogénica Casera: Sopas Deliciosas Para Quemar Grasa, Guisados, Caldos y Panes.

 92 Reseñas

La respuesta a tu dilema a la hora de cenar de manera cetogénica. Sopas y guisados fáciles, compatibles con la dieta cetogénica y baja en carbohidratos para satisfacer a tu alma, ¡todo con menos de 5 g de carbohidratos netos!

"LA MEJOR SOPA CETOGÉNICA QUE ENCONTRARÁS - Este libro es muy bueno, me encantan las sopas, ¡pero en la dieta cetogénica la mayoría no se pueden hacer! ¡Estas son muy sabrosas! ¡Ya preparé 3 y ya son mis favoritas y eso que apenas comencé! " - Gram, feliz cliente de la dieta cetogénica de Amazon
http://ketojane.com/soup

 219 Reseñas

Libro de cocina Panaderos Cetogénicos
¡Todos aman el pan! Además, si llevas una dieta especial y extrañas el pan, ¡este libro es para ti! Paleolítico, bajo en carbohidratos, sin gluten, cetogénico, sin trigo, pero manteniendo el mismo gran sabor.

El libro de cocina Panaderos Cetogénicos contiene todo el pan al que pensaste que tenías que renunciar.

Cliente de Amazon - Mi Nueva Biblia para Hacer Pan
http://ketojane.com/bread

SALSAS CETOGÉNICAS GRATIS

Te garantizo que te encantarán todas las recetas de mi libro de cocina Pasta y Fideos Cetogénicos, pero hay ocasiones en las que quieres preparar algo en 2-3 minutos.

¡Estas salsas cetogénicas gratuitas se pueden preparar en minutos y las puedes poner en casi cualquier platillo cetogénico para que las transformes de 'ordinarias' a deliciosas! Si tienes mucha prisa, sofríelas con algunos fideos comerciales y tendrás una deliciosa comida cetogénica inmediata.

Van desde aliños hasta marinadas y mantequillas, encontrarás recetas sencillas y deliciosas para complementar lo que estás haciendo.

Visita **http://www.ketojane.com/sauces** para descargar tu copia gratuita.

http://www.ketojane.com/sauce

RECETAS BASE

En esta sección, encontrarás seis recetas base si deseas ser audaz ¡y elaborar tu propia pasta casera cetogénica desde cero!

Como todas las recetas de este libro comienzan con tener la base correcta, aquí te presento una variedad de fideos cetogénicos diferentes para comenzar.

ESPAGUETI BAJO EN CARBOHIDRATOS (SL, SG)

Tiempo de Preparación: 10 min   Tiempo de Cocción: 2-3 min   Porciones: 4   Nivel de Dificultad: 2   Costo: $

Ingredientes:

- 1 taza de harina de almendras finamente molida
- 2 cucharadas de harina de coco
- 1 cucharadita de Goma xantana
- 1 pizca de sal de mar y pimienta
- 2 huevos

Instrucciones:

1. Comienza agregando todas las harinas, la goma xantana, la sal y la pimienta en un tazón grande y mezcla bien hasta que todo se integre.
2. Rompe el huevo en el tazón y revuelve.
3. Forma una bola con la masa y luego colócala tapada en el refrigerador durante aproximadamente una hora.
4. Retira la masa del refrigerador y aplana la masa hasta que tenga aproximadamente 2.5 cm de grosor en una bandeja para hornear forrada con papel pergamino.
5. Con un cortador de pasta, corta espaguetis largos como tiras.
6. Guárdala en el refrigerador o el congelador hasta que la vayas a usar en una de las recetas de este libro.

Consejo de Cocina: Si deseas preparar previamente esta pasta como base, hiérvela durante aproximadamente 1 minuto. Saca los fideos con cuidado con un cucharón y rocíales algún tipo de grasa como mantequilla o aceite de oliva para evitar que se peguen. Ten en cuenta que estos se deshacen un poco durante la cocción ya que son frágiles, ¡esto es normal! Córtalos un poco más gruesos de lo que crees que deberías para ayudarlos a mantener su forma mientras se cocinan.

Información Nutricional

Carbohidratos: 8 g
Fibra: 5 g
Carbohidratos Netos: 3 g

Grasa: 6 g
Proteína: 5 g
Calorías: 110

FIDEOS DE HUEVO (SG)

Tiempo de Preparación: 10 min   Tiempo de Cocción: 9-10 min   Porciones: 4   Nivel de Dificultad: 2   Costo: $

Ingredientes:

- 4 huevos
- ½ taza de queso crema batido
- ½ cucharadita de levadura nutricional
- ¼ de cucharadita de sal de mar
- ⅛ de cucharadita de pimienta negra molida

Instrucciones:

1. Comienza precalentando el horno a 160°C y forra una bandeja para hornear con papel pergamino.
2. Agrega todos los ingredientes a una licuadora de alta velocidad y mezcla hasta que tenga una consistencia suave.
3. Vierte la masa de fideos en la bandeja para hornear forrada de pergamino, cubriendo uniformemente la bandeja.
4. Hornea por 9-10 minutos o hasta que esté cocida.
5. Déjala enfriar durante 10-15 minutos antes de cortarla con la forma de los fideos de huevo.
6. Guárdala en el refrigerador o el congelador hasta que la vayas a agregar a una de las recetas de este libro.

Consejo de Cocina: Los puedes disfrutar tal como quedan una vez horneados, y es mejor consumirlos inmediatamente después de prepararlos, así que úsalos en tu receta favorita que requiera fideos de huevo en este libro.

Consejo de Preparación: Puedes cortar fácilmente estos fideos con un cortador de pizza.

Información Nutricional

Carbohidratos: 1 g
Fibra: 0 g
Carbohidratos Netos: 1 g
Grasa: 15 g

Proteína: 8 g
Calorías: 166

FIDEOS DE HUEVO CON COL RIZADA Y AJO (SG)

Tiempo de Preparación: 10 min   Tiempo de Cocción: 9-10 min   Porciones: 4   Nivel de Dificultad: 2   Costo: $

Ingredientes:

- 4 huevos
- ¼ de taza de col rizada picada
- ½ taza de queso crema batido
- ½ cucharadita de levadura nutricional
- 1 cucharadita de ajo granulado
- ¼ de cucharadita de sal de mar
- ⅛ de cucharadita de pimienta negra molida

Instrucciones:

1. Comienza precalentando el horno a 160°C y forra una bandeja para hornear con papel pergamino.
2. Agrega todos los ingredientes a una licuadora de alta velocidad, menos la col rizada, y mezcla hasta que tenga una consistencia suave.
3. Vierte la masa de fideos en la bandeja para hornear forrada de pergamino y espolvoréale la col rizada picada. Extiéndela hasta que tenga aproximadamente 2.5 cm de espesor.
4. Hornea por 9-10 minutos o hasta que esté cocida.
5. Déjala enfriar durante 10-15 minutos antes de cortarla en tiras delgadas largas como si fueran fideos de huevo.
6. Guárdala en el refrigerador o el congelador hasta que la vayas a agregar a una de las recetas de este libro.

Consejo de Cocina: Si los vas a consumir naturales, hiérvelos durante 2-3 minutos y disfrútalos con mantequilla o aceite de oliva para evitar que los fideos se peguen.

Información Nutricional

Carbohidratos: 2 g
Fibra: 0 g
Carbohidratos Netos: 2 g

Grasa: 15 g
Proteína: 8 g
Calorías: 170

"FIDEOS" DE VEGETALES MIXTOS (SL, SG, V)

Tiempo de Preparación: 10 min   Tiempo de Cocción: 5 min   Porciones: 2   Nivel de Dificultad: 1   Costo: $

Ingredientes:

- 2 calabacitas
- 2 zanahorias grandes
- 2 cucharadas de aceite de oliva
- 1 cucharadita de sazonador italiano
- 1 cucharadita de cebolla en polvo

Instrucciones:

1. Comienza lavando las calabacitas y las zanahorias y, luego hazlas espiral con un espiralizador o una mandolina.
2. Hierve los fideos durante 5 minutos o hasta que estén blandos.
3. Agrega el aceite de oliva, el sazonador italiano y la cebolla en polvo.
4. Úsalos como base en tu receta de pasta favorita.

Consejo de Cocina: Cocínalos al mismo tiempo que preparas la receta de tu platillo de pasta favorito, ya que estos fideos se disfrutan mejor inmediatamente después de cocinarlos.

Información Nutricional

Carbohidratos: 14 g
Fibra: 4 g
Carbohidratos Netos: 10 g
Grasa: 15 g
Proteína: 3 g
Calorías: 188

FIDEOS DE COL (REPOLLO) (SG)

Tiempo de Preparación: 10 min   Tiempo de Cocción: 7-10 min   Porciones: 4   Nivel de Dificultad: 1   Costo: $

Ingredientes:

1 cabeza de col (repollo)

- ½ cebolla amarilla dulce, picada
- 1 cucharadita de ajo en polvo
- 2 cucharaditas de sazonador italiano
- 2 cucharadas de mantequilla clarificada (ghee)

Instrucciones:

1. Comienza cortando la col en cuartos, luego retira el corazón y corta la col en tiras finas.
2. A continuación, precalienta una sartén grande a fuego medio con el ghee y agrega la col y la cebolla.
3. Sazona con el ajo en polvo, el sazonador italiano y la sal.
4. Saltea durante 7-10 minutos o hasta que estén cocidos.
5. Úsalos como base de fideos en tu receta de pasta favorita.

Consejo de Cocina: Cocínalos al mismo tiempo que preparas la receta de tu platillo de pasta favorito, ya que estos fideos se disfrutan mejor inmediatamente después de cocinarlos.

Información Nutricional

Carbohidratos: 12 g
Fibra: 5 g
Carbohidratos Netos: 7 g
Grasa: 7 g
Proteína: 3 g
Calorías: 116

FIDEOS DE ZANAHORIA Y JENGIBRE RALLADOS (SL, SG, V)

Tiempo de Preparación: 10 min   Tiempo de Cocción: 5 min   Porciones: 4   Nivel de Dificultad: 1   Costo: $

Ingredientes:

- 4 zanahorias grandes
- 1 cucharadita de jengibre fresco recién rallado
- 2 cucharadas de aceite de oliva
- 1 cucharadita de sal de mar
- ¼ de cucharadita de pimienta negra molida

Instrucciones:

1. Comienza lavando las zanahorias y luego hazlas espiral con un espiralizador o una mandolina.
2. Agrega a una sartén con el aceite de oliva y sazona con el jengibre, la sal y la pimienta.
3. Saltea durante 5 minutos a fuego medio o hasta que estén cocidos.
4. Sírvelos con tu receta favorita de pasta.

Consejo de Cocina: Cocínalos al mismo tiempo que preparas la receta de tu platillo de pasta favorito, ya que estos fideos se disfrutan mejor inmediatamente después de cocinarlos.

Información Nutricional

Carbohidratos: 8 g
Fibra: 2 g
Carbohidratos Netos: 6 g
Grasa: 7 g
Proteína: 1 g
Calorías: 91

  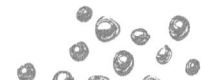

RECETAS

En cada una de las secciones de recetas, encontrará recetas que utilizan una mezcla de fideos cetogénicos caseros como base y una variedad de opciones que utilizan fideos cetogénicos comerciales. Si prefieres usar fideos comerciales para cualquiera de las recetas que requieren fideos caseros, no dudes en cambiar los fideos por una opción comercial. La mayoría de los fideos cetogénicos comerciales funcionarán en todas estas recetas, ¡así que no tengas miedo de usar lo que te sea más conveniente en cualquiera de estas recetas!

  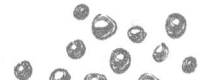

RECETAS DE ESPAGUETI

ESPAGUETI A LA BOLOÑESA (SG)

Tiempo de Preparación: 15 min   Tiempo de Cocción: 10-15 min   Porciones: 4   Nivel de Dificultad: 2   Costo: $

Ingredientes:

- 1 tanda de espaguetis bajos en carbohidratos
- 1 cucharada de aceite de oliva
- 454 g de carne de res molida
- 1 taza de salsa marinara sin azúcar agregada
- ¼ de taza de vino rojo seco
- ½ cebolla amarilla dulce, picada
- 2 dientes de ajo picados
- 2 cucharaditas de sazonador italiano
- ½ taza de albahaca fresca, picada
- 1 taza de queso mozzarella, rallado
- Aceite de coco para cocinar

Instrucciones:

1. Comienza elaborando una tanda de espaguetis bajos en carbohidratos. Hierve durante 1-2 minutos y luego mezcla con aceite de oliva.
2. Luego, precalienta una sartén grande a fuego medio con el aceite de coco y cocina la carne de res durante 7-10 minutos o hasta que esté dorada.
3. Agrega la cebolla y el ajo, y saltea durante otros 3-4 minutos.
4. A continuación, agrega la salsa marinara, el vino tinto seco y el sazonador italiano, y luego cocina durante unos 10 minutos.
5. Agrega el espagueti cocido a un tazón grande y cubre con la mezcla de carne molida.
6. Espolvorea con el queso y la albahaca.
7. Divide en cuatro porciones y disfruta.

Información Nutricional

Carbohidratos: 20
Fibra: 7 g
Carbohidratos Netos: 13 g
Grasa: 21 g
Proteína: 43 g
Calorías: 453

ESPAGUETIS DE PIZZA DE PEPPERONI (SG)

Tiempo de Preparación: 10 min   Tiempo de Cocción: 6-8 min   Porciones: 4   Nivel de Dificultad: 2   Costo: $

Ingredientes:

- 1 tanda de espaguetis bajos en carbohidratos
- ½ taza de mantequilla, derretida
- ½ taza de salsa marinara sin azúcar agregada
- 10 rebanadas de pepperoni, cortadas en trozos pequeños
- ½ taza de queso mozzarella, rallado

Instrucciones:

1. Comienza elaborando una tanda de espaguetis bajos en carbohidratos. Hierve durante 1-2 minutos y luego mezcla con la mantequilla derretida.
2. A continuación, agrega la salsa marinara y el pepperoni a una olla a fuego lento y cocina por unos 5 minutos.
3. Retira del fuego y agrega el espagueti. Mezcla cuidadosamente y cubre con el queso rallado.
4. Divide en cuatro porciones y disfruta de inmediato.

Información Nutricional

Carbohidratos: 9 g
Fibra: 6 g
Carbohidratos Netos: 3 g
Grasa: 36 g
Proteína: 10 g
Calorías: 397

SCAMPI DE CAMARONES (SG)

Tiempo de Preparación: 10 min   Tiempo de Cocción: 10 min   Porciones: 4   Nivel de Dificultad: 2   Costo: $

Ingredientes:

- 1 tanda de espaguetis bajos en carbohidratos
- 1 cucharada de aceite de oliva
- 454 g de camarones, pelados y desvenados
- ¼ de taza de mantequilla, fundida
- ¼ de taza de vino blanco seco
- 2 dientes de ajo, picados
- 2 cucharadas de perejil fresco, picado

Instrucciones:

1. Comienza elaborando una tanda de espaguetis bajos en carbohidratos. Hierve durante 2-3 minutos y luego mezcla con el aceite de oliva.
2. Luego, precalienta una sartén grande a fuego medio con la mantequilla y cocina los camarones durante unos 3 minutos por cada lado o hasta que estén rosados.
3. Añade el ajo y el vino y cocina durante unos 5 minutos.
4. Agrega los espaguetis cocidos y el perejil, y mezcle suavemente.
5. Divide en cuatro porciones y disfruta de inmediato.

Información Nutricional

Carbohidratos: 11 g
Fibra: 6 g
Carbohidratos Netos: 5 g
Grasa: 23 g
Proteína: 31 g
Calorías: 391

ESPAGUETIS HORNEADOS CON TRES QUESOS (SG)

Tiempo de Preparación: 15 min   Tiempo de Cocción: 20 min   Porciones: 4   Nivel de Dificultad: 2   Costo: $

Ingredientes:

- 1 tanda de espaguetis bajos en carbohidratos
- 1 cucharada de mantequilla, derretida
- ½ taza de salsa marinara sin azúcar agregada
- ½ taza de queso ricota
- ½ taza de queso mozzarella, rallado
- ½ taza de queso cheddar blanco, rallado
- 1 cucharada de sazonador italiano
- 1 cucharadita de ajo en polvo

Instrucciones:

1. Comienza elaborando una tanda de espaguetis bajos en carbohidratos. Hierve durante 2-3 minutos y luego mezcla con la mantequilla.
2. Luego, precalienta el horno a 180°C y cubre una cacerola con papel pergamino.
3. Agrega los espaguetis cocidos a la cacerola forrada y cubre con la mitad de la salsa marinara.
4. Agrega el queso ricota y cubre con la salsa marinara restante.
5. Cubre esta capa con los quesos mozzarella y parmesano.
6. Sazona con el sazonador italiano y el ajo en polvo.
7. Hornea durante 10-15 minutos o hasta que el queso se derrita.
8. Saca la mezcla de la cacerola y divídela en cuatro porciones.
9. ¡Híncale el diente y disfruta!

Información Nutricional

Carbohidratos: 10 g
Fibra: 6 g
Carbohidratos Netos: 4 g

Grasa: 16 g
Proteína: 10 g
Calorías: 221

ESPAGUETI Y ALBÓNDIGAS (SG)

Tiempo de Preparación: 15 min   Tiempo de Cocción: 17-23 min   Porciones: 4   Nivel de Dificultad: 2   Costo: $

Ingredientes:

- 1 tanda de espaguetis bajos en carbohidratos
- 1 cucharada de aceite de oliva
- 454 g de carne de res molida
- 2 cucharadas de mantequilla clarificada (ghee)
- 2 cucharaditas de sazonador italiano
- 1 diente de ajo, picado
- 1 taza de salsa marinara sin azúcar agregada
- ¼ de taza de queso parmesano, rallado

Instrucciones:

1. Comienza agregando la carne molida de res, el ghee, el sazonador italiano y el ajo picado a un tazón grande y mezcla bien. Forma 8 albóndigas pequeñas.
2. Agrega la salsa marinara a una olla a fuego medio y agrega las albóndigas. Cuando hierva, reduce a fuego lento y cocina durante 15-20 minutos.
3. Mientras se cocinan las albóndigas, prepara un lote de fideos de espagueti bajos en carbohidratos. Hierve durante 2-3 minutos y luego mezcla con aceite de oliva.
4. Agrega la salsa a los fideos y revuelve suavemente para cubrirlos. Sirve con las albóndigas cocidas y cubre con el queso parmesano rallado.

Información Nutricional

Carbohidratos: 11 g
Fibra: 6 g
Carbohidratos Netos: 5 g
Grasa: 26 g
Proteína: 42 g
Calorías: 446

ESPAGUETI CON CAMARONES Y PESTO DE ALBAHACA (SG)

Tiempo de Preparación: 10 min   Tiempo de Cocción: 10 min   Porciones: 4   Nivel de Dificultad: 2   Costo: $

Ingredientes:

- 1 tanda de espaguetis bajos en carbohidratos
- 2 cucharadas de mantequilla, derretida
- 1 cucharada de aceite de coco
- 454 g de camarones, pelados y desvenados
- ¼ de taza de piñones
- ½ taza de aceite de oliva
- 2 tazas de albahaca fresca, empacadas
- 2 dientes de ajo
- 1 pizca de sal de mar

Instrucciones:

1. Comienza elaborando una tanda de espaguetis bajos en carbohidratos. Hierve durante 2-3 minutos y luego mezcla con la mantequilla.
2. Luego, precalienta una sartén grande a fuego medio con el aceite de coco y cocina los camarones durante unos 3 minutos por cada lado o hasta que estén rosados.
3. Agrega los piñones, el aceite de oliva, la albahaca, el ajo y la sal a un procesador de alimentos o licuadora de alta velocidad y mezcla hasta que tenga una consistencia suave.
4. Agrega los espaguetis cocidos a la sartén con los camarones cocidos y rocía el pesto. Revuelve con cuidado hasta que todo se integre.
5. Divide en cuatro porciones y disfruta de inmediato.

Información Nutricional

Carbohidratos: 12 g
Fibra: 6 g
Carbohidratos Netos: 6 g
Grasa: 49 g
Proteína: 33 g
Calorías: 603

ESPAGUETI DE PAVO Y CEBOLLA CARAMELIZADA (SG)

Tiempo de Preparación: 10 min   Tiempo de Cocción: 19-27mins   Porciones: 4   Nivel de Dificultad: 2   Costo: $

Ingredientes:

- 1 tanda de espaguetis bajos en carbohidratos
- 1 cucharada de aceite de oliva
- 454 g de carne de pavo molida
- 1 cucharada de aceite de coco
- 1 cebolla amarilla dulce, picada
- ¼ de taza de mantequilla, fundida

Instrucciones:

1. Comienza elaborando una tanda de espaguetis bajos en carbohidratos. Hierve durante 2-3 minutos y luego mezcla con el aceite de oliva.
2. Luego, precalienta una sartén grande a fuego medio con el aceite de coco y saltea la carne de pavo molida durante unos 10-14 minutos o hasta que esté bien cocida. Una vez cocida, reserva.
3. Luego, agrega la mantequilla a una sartén con la cebolla picada. Cocina de 7 a 10 minutos o hasta que esté caramelizada.
4. Sirve los espaguetis cocidos con la carne de pavo molida y la cebolla caramelizada.
5. ¡Divide en cuatro porciones y disfruta!

Información Nutricional

Carbohidratos: 11 g
Fibra: 6 g
Carbohidratos Netos: 5 g
Grasa: 37 g
Proteína: 37 g
Calorías: 504

ESPAGUETI CREMOSO DE AJO Y ESPINACAS (SG)

Tiempo de Preparación: 10 min   Tiempo de Cocción: 5-6 min   Porciones: 4   Nivel de Dificultad: 2   Costo: $

Ingredientes:

- 1 tanda de espaguetis bajos en carbohidratos
- 2 cucharadas de aceite de oliva
- 1 cucharada de mantequilla
- ½ taza de crema espesa
- 2 dientes de ajo picados
- 2 tazas de espinacas frescas
- 1 pizca de sal de mar

Instrucciones:

1. Comienza elaborando una tanda de espaguetis bajos en carbohidratos. Hierve durante 2-3 minutos y luego mezcla con el aceite de oliva.
2. Luego, precalienta una sartén grande a fuego medio y agrega la mantequilla. Saltea el ajo y las espinacas durante unos 3 minutos. Sazona con la sal de mar.
3. Retira del fuego y agrega la crema espesa.
4. Sirve la salsa cremosa de espinacas sobre los espaguetis.
5. Divide en cuatro porciones y disfruta.

Información Nutricional

Carbohidratos: 10 g
Fibra: 6 g
Carbohidratos Netos: 5 g
Grasa: 22 g
Proteína: 6 g
Calorías: 253

Espagueti con Salsa de Tomate Picante (SG)

Tiempo de Preparación: 15 min Tiempo de Cocción: 12-13 min Porciones: 4 Nivel de Dificultad: 2 Costo: $

Ingredientes:

- 1 tanda de espaguetis bajos en carbohidratos
- 1 lata (411 g) de tomates guisados
- 1 chile jalapeño pequeño, sin semillas y picado
- 2 dientes de ajo, picados
- 1 manojo de albahaca fresca
- 1 cucharadita de sal
- ¼ de taza de queso parmesano, rallado

Instrucciones:

1. Comienza elaborando una tanda de espaguetis bajos en carbohidratos. Hierve durante 2-3 minutos, escurre y regresa a la olla. Reserva.
2. Luego, agrega los tomates guisados enlatados, el chile jalapeño, el ajo y la sal a una olla a fuego medio. Cuando comience a hervir, baja el calor a fuego lento y deja hervir durante 10 minutos.
3. Pasa la mezcla junto con la albahaca fresca a un procesador de alimentos y licúa hasta que tenga una consistencia suave.
4. Vierte la salsa en la olla con los espaguetis y revuelve suavemente hasta cubrir los espaguetis.
5. Disfrútalos con queso parmesano espolvoreado.

Información Nutricional

Carbohidratos: 13 g
Fibra: 7 g
Carbohidratos Netos: 6 g
Grasa: 8 g
Proteína: 8 g
Calorías: 154

FIDEOS DE ESPAGUETI CON PEREJIL Y LIMÓN (SG)

Tiempo de Preparación: 15 min   Tiempo de Cocción: 2-3 min   Porciones: 4   Nivel de Dificultad: 2   Costo: $

Ingredientes:

- 1 tanda de espaguetis bajos en carbohidratos
- ½ taza de aceite de oliva
- ½ taza de piñones
- 1 taza de albahaca fresca
- ¼ de taza de perejil fresco
- 2 dientes de ajo
- 2 cucharadas de jugo de limón recién exprimido
- 1 cucharadita de sal de mar
- ½ taza de queso feta, desmoronado

Instrucciones:

1. Comienza elaborando una tanda de espaguetis bajos en carbohidratos. Cocina y reserva en una olla o tazón grande para mezclar.
2. Luego, agrega todos los ingredientes restantes menos el queso feta a un procesador de alimentos o licuadora de alta velocidad y mezcla hasta que tenga una consistencia suave.
3. Vierte la salsa en la olla o tazón para mezclar con los espaguetis cocidos.
4. Sirve con queso feta.

Información Nutricional

Carbohidratos: 12 g
Fibra: 6 g
Carbohidratos Netos: 6 g
Grasa: 47 g
Proteína: 11 g
Calorías: 497

FIDEOS VEGETARIANOS CREMOSOS CON AJO (SG, SL)

Tiempo de Preparación: 10 min   Tiempo de Cocción: 5-6 min   Porciones: 4   Nivel de Dificultad: 2   Costo: $

Ingredientes:

- 1 tanda de espaguetis bajos en carbohidratos
- ¼ de taza de aceite de oliva
- 2 dientes de ajo picados
- 1 cucharadita de sazonador italiano
- ¼ de taza de piñones
- 1 cucharada de aceite de coco para cocinar
- Albahaca para decorar (opcional)

Instrucciones:

1. Comienza elaborando una tanda de espaguetis bajos en carbohidratos, cocina y agrega a un tazón para mezclar.
2. Agrega el aceite de coco a una sartén y cocina el ajo durante unos 3 minutos.
3. Agrega el aceite de oliva, el ajo, el sazonador italiano y los piñones al mismo tazón que los espaguetis y mezcla hasta integrar todo bien.
4. Divide en cuatro porciones y sirve con albahaca fresca si lo deseas.
5. ¡Buen Provecho!

Información Nutricional

Carbohidratos: 10 g
Fibra: 6 g
Carbohidratos Netos: 4 g
Grasa: 28 g
Proteína: 7 g
Calorías: 310

SATAY CETOGÉNICO DE COCO EN 5 MINUTOS (SG, V)

Tiempo de Preparación: 5 min   Tiempo de Cocción: 4-5 min   Porciones: 2   Nivel de Dificultad: $ Costo: $

Ingredientes:

- 1 paquete de espagueti Shirataki (como Nasoya)
- 1 cucharada de aceite de coco
- 1 cebolla verde, picada
- 1 taza de floretes de brócoli
- 2 cucharadas de aminoácidos de coco
- ½ cucharadita de chile rojo molido
- ½ aguacate, en rebanadas para servir

Instrucciones:

1. Comienza hirviendo los espaguetis Shirataki durante 2 minutos, enjuaga y agrega a una sartén con aceite de coco.
2. Saltea con la cebolla verde, el brócoli, los aminoácidos de coco y cocina por otros 2-3 minutos.
3. Sirve con el chile rojo molido y las rebanadas de aguacate.
4. ¡Buen Provecho!

Información Nutricional

Carbohidratos: 15 g
Fibra: 8 g
Carbohidratos Netos: 7 g
Grasa: 17 g
Proteína: 3 g
Calorías: 209

FIDEOS DE MANTEQUILLA, PARMESANO Y PEREJIL (SG)

Tiempo de Preparación: 5 min   Tiempo de Cocción: 4-5 min   Porciones: 2   Nivel de Dificultad: $ Costo: $

Ingredientes:

- 1 paquete de espagueti Shirataki (como Nasoya)
- 2 cucharadas de mantequilla
- ½ taza de queso parmesano, rallado
- 2 dientes de ajo, picados
- 2 cucharadas de perejil fresco, picado

Instrucciones:

1. Comienza hirviendo los espaguetis Shirataki durante 2 minutos, enjuaga y agrega a una sartén con mantequilla.
2. Agrega el queso parmesano, el ajo y el perejil fresco. Cocina por otros 2-3 minutos.
3. ¡Buen Provecho!

Información Nutricional

Carbohidratos: 4 g
Fibra: 3 g
Carbohidratos Netos: 1 g
Grasa: 17 g
Proteína: 9 g
Calorías: 206

FIDEOS CETOGÉNICOS ASIÁTICOS CON SÉSAMO (AJONJOLÍ) PICANTES (SG, V)

Tiempo de Preparación: 5 min   Tiempo de Cocción: 4-5 min   Porciones: 2   Nivel de Dificultad: $ Costo: $

Ingredientes:

- 1 paquete de espagueti Shirataki (como Nasoya)
- 2 cucharadas de aceite de coco
- 1 cucharadita de aceite de sésamo (ajonjolí)
- 1 cucharada de aminoácidos de coco
- 1 cucharadita de chile rojo molido
- 1 cucharada de semillas de sésamo (ajonjolí)

Instrucciones:

1. Comienza hirviendo los espaguetis Shirataki durante 2 minutos, enjuaga y agrega a una sartén con aceite de coco.
2. Agrega el aceite de sésamo (ajonjolí), los aminoácidos de coco y el chile rojo molido y cocina por otros 2-3 minutos.
3. ¡Espolvorea las semillas de sésamo (ajonjolí) y disfruta!

Información Nutricional

Carbohidratos: 7 g
Fibra: 4 g
Carbohidratos Netos: 3 g
Grasa: 18 g
Proteína: 2 g
Calorías: 186

ESPAGUETI DE MACARRONES CON QUESO (SG)

Tiempo de Preparación: 5 min   Tiempo de Cocción: 4-5 min   Porciones: 2   Nivel de Dificultad: $ Costo: $

Ingredientes:

- 1 paquete de espagueti Shirataki (como Nasoya)
- 2 cucharadas de mantequilla
- 1 taza de queso cheddar, rallado
- 1 cucharadita de ajo en polvo
- 1 cucharadita de cebolla en polvo
- 2 cucharadas de queso parmesano, rallado

Instrucciones:

1. Comienza hirviendo los espaguetis Shirataki durante 2 minutos, enjuaga y agrega a una sartén con la mantequilla.
2. Agrega el queso, el ajo y la cebolla en polvo. Cocina por otros 2-3 minutos.
3. ¡Espolvorea con queso parmesano y disfruta!

Información Nutricional

Carbohidratos: 7 g
Fibra: 3 g
Carbohidratos Netos: 4 g
Grasa: 32 g
Proteína: 17 g
Calorías: 374

RECETAS DE FIDEOS A BASE DE VEGETALES

PAD THAI (GF)

Tiempo de Preparación: 10 min   Tiempo de Cocción: 5 min   Porciones: 4   Nivel de Dificultad: 1   Costo: $

Ingredientes:

- 1 tanda de fideos de zanahoria y jengibre rallados
- 2 cucharadas de aminoácidos de coco
- ½ cucharada de salsa de pescado
- 4 huevos, revueltos
- 2 dientes de ajo, picados
- 1 chalota pequeña, picada
- ¼ de taza de maní, picado
- 2 cucharadas de cebolla verde, picada
- 1 aguacate, en cubos
- Aceite de coco para cocinar

Instrucciones:

1. Comienza elaborando una tanda de fideos de zanahoria y jengibre rallados.
2. Agrega los fideos a un tazón y mezcla con los aminoácidos de coco y la salsa de pescado.
3. Revuelve los huevos en el aceite de coco, agrega el ajo y la chalota y saltea durante 5 minutos.
4. Agrega los huevos, el ajo y las chalotas a los fideos, agrega los ingredientes restantes y mezcla bien.
5. ¡Divide en cuatro porciones y disfruta!

Información Nutricional

Carbohidratos: 17 g
Fibra: 6 g
Carbohidratos Netos: 11 g
Grasa: 26 g
Proteína: 10 g
Calorías: 324

FIDEOS DE ZANAHORIA Y JENGIBRE CON SALSA DE MANÍ ASIÁTICA (SG, SL)

Tiempo de Preparación: 10 min   Tiempo de Cocción: 5 min   Porciones: 4   Nivel de Dificultad: 1   Costo: $$

Ingredientes:

- 1 tanda de fideos de zanahoria y jengibre rallados
- ¼ de taza de aminoácidos de coco
- 3 cucharadas de mantequilla de cacahuete cremosa
- 2 dientes de ajo, picados
- 2 cucharadas de cilantro fresco, picado

Instrucciones:

1. Comienza elaborando una tanda de fideos de zanahoria y jengibre rallados.
2. Agrega los aminoácidos de coco y la mantequilla de maní a un tazón y bate.
3. Agrega el ajo picado y rocía sobre los fideos.
4. Cubre con cilantro y disfruta.

Información Nutricional

Carbohidratos: 16 g
Fibra: 3 g
Carbohidratos Netos: 13 g
Grasa: 19 g
Proteína: 7 g
Calorías: 250

FIDEOS CON AJO Y PARMESANO (SG)

Tiempo de Preparación: 10 min   Tiempo de Cocción: 5-8 min   Porciones: 4   Nivel de Dificultad: 2   Costo: $

Ingredientes:

- 1 tanda de fideos de zanahoria y jengibre rallados
- ¼ de taza de ghee
- 2 dientes de ajo, picados
- ¼ de taza de queso parmesano, rallado

Instrucciones:

1. Comienza elaborando una tanda de fideos de zanahoria y jengibre rallados.
2. Agrega el ghee a una sartén junto con los fideos de zanahoria y jengibre.
3. Agrega el ajo y saltea durante 3 minutos.
4. Retira del fuego y espolvorea el queso parmesano.
5. ¡Divide en cuatro porciones y disfruta!

Información Nutricional

Carbohidratos: 8 g
Fibra: 2 g
Carbohidratos Netos: 6 g
Grasa: 21 g
Proteína: 3 g
Calorías: 227

FIDEOS DE VEGETALES Y ALBÓNDIGAS (SG)

Tiempo de Preparación: 20 min   Tiempo de Cocción: 35-40 min   Porciones: 4   Nivel de Dificultad: 2   Costo: $

Ingredientes:

- 1 tanda de Fideos de vegetales mixtos
- 454 g de carne de res molida
- 1 huevo
- ½ taza de queso mozzarella, rallado
- 2 dientes de ajo, picados
- 2 cucharaditas de sazonador italiano
- 1 cucharadita de sal de mar
- 1 taza de salsa marinara sin azúcar agregada
- ½ taza de caldo de huesos
- 4 cucharadas de queso parmesano, rallado

Instrucciones:

1. Comienza elaborando una tanda de fideos de vegetales mixtos.
2. Agrega la carne molida de res a un tazón grande junto con el huevo, el queso mozzarella, el ajo, el sazonador italiano y la sal de mar.
3. Mezcla bien y luego formar las albóndigas.
4. Agrega la salsa marinara y el caldo de huesos a una olla grande y agrega las albóndigas. Cuando hierva, reduce el calor y déjalo hervir a fuego lento. Cocina a fuego lento durante 30-35 minutos o hasta que las albóndigas estén bien cocidas.
5. Sirve sobre los fideos de vegetales y espolvorea con queso parmesano.

Información Nutricional

Carbohidratos: 10 g
Fibra: 2 g
Carbohidratos Netos: 9 g
Grasa: 18 g
Proteína: 42 g
Calorías: 368

ALBÓNDIGAS DE PAVO CON AJO Y ALBAHACA CON FIDEOS DE VEGETALES (SG)

Tiempo de Preparación: 20 min   Tiempo de Cocción: 25-30 min   Porciones: 4   Nivel de Dificultad: 2   Costo: $

Ingredientes:

- 1 tanda de Fideos de vegetales mixtos
- 454 g de carne de pavo molida
- 1 taza de col rizada, picada
- 1 taza de albahaca fresca, picada
- 2 dientes de ajo, picados
- 2 cucharaditas de sazonador italiano
- 1 cucharadita de sal de mar
- 1 taza de salsa marinara sin azúcar agregada
- ½ taza de caldo de huesos
- ½ taza de queso mozzarella, rallado

Instrucciones:

1. Comienza elaborando una tanda de fideos de vegetales mixtos.
2. Agrega la carne de pavo molida a un tazón grande junto con la col rizada, la albahaca, el ajo, el sazonador italiano y la sal de mar.
3. Mezcla bien y luego formar las albóndigas.
4. Agrega la salsa marinara y el caldo de huesos a una olla grande y agrega las albóndigas. Cuando hierva, reduce el calor y déjalo hervir a fuego lento. Cocina a fuego lento durante 20-25 minutos o hasta que las albóndigas estén bien cocidas.
5. Sirve sobre los fideos de vegetales y espolvorea con queso mozzarella.

Información Nutricional

Carbohidratos: 18 g
Fibra: 4 g
Carbohidratos Netos: 14 g
Grasa: 22 g
Proteína: 36 g
Calorías: 396

FIDEOS DE VEGETALES CON AJO, MANTEQUILLA Y PARMESANO (SG)

Tiempo de Preparación: 10 min   Tiempo de Cocción: 8-9 min   Porciones: 4   Nivel de Dificultad: 1   Costo: $

Ingredientes:

- 1 tanda de fideos de vegetales mixtos
- ¼ de taza de mantequilla
- ½ taza de queso parmesano, rallado
- 1 diente de ajo, picado
- ¼ de taza de albahaca fresca, picada

Instrucciones:

1. Comienza elaborando una tanda de fideos de vegetales mixtos, pero no los cocines.
2. Agrega la mantequilla a una sartén grande a fuego medio y agrega los fideos de vegetales. Saltea durante 5 minutos o hasta que estén suaves.
3. Agrega el queso y el ajo y cocina por otros 3-4 minutos.
4. ¡Sirve con albahaca fresca y disfruta!

Información Nutricional

Carbohidratos: 8 g

Fibra: 2 g

Carbohidratos Netos: 6 g

Grasa: 22 g

Proteína: 6 g

Calorías: 239

FIDEOS DE ZANAHORIA CON AJO, CEBOLLA Y MANTEQUILLA (SG)

Tiempo de Preparación: 10 min   Tiempo de Cocción: 8-9 min   Porciones: 4   Nivel de Dificultad: 1   Costo: $

Ingredientes:

- 1 tanda de fideos de zanahoria y jengibre rallados
- ¼ de taza de mantequilla
- 1 cebolla amarilla dulce, picada
- ½ taza de queso parmesano, rallado
- 1 diente de ajo, picado
- ¼ de taza de queso mozzarella, rallado

Instrucciones:

1. Comienza elaborando una tanda de fideos de zanahoria y jengibre rallados, pero no los cocines.
2. Agrega la mantequilla a una sartén grande a fuego medio y agrega los fideos. Saltea durante 5 minutos o hasta que estén suaves.
3. Agrega el queso parmesano, el ajo y la cebolla y cocina por otros 3-4 minutos.
4. Sirve con el queso mozzarella rallado.
5. ¡Buen Provecho!

Información Nutricional

Carbohidratos: 11 g
Fibra: 3 g
Carbohidratos Netos: 8 g
Grasa: 22 g
Proteína: 5 g
Calorías: 252

FIDEOS DE CEBOLLA CARAMELIZADA Y COL (REPOLLO) CON POLLO Y QUESO MOZZARELLA (SG)

Tiempo de Preparación: 10 min   Tiempo de Cocción: 7-10 min   Porciones: 4   Nivel de Dificultad: 1   Costo: $

Ingredientes:

- 1 tanda de fideos de col (repollo)
- ½ taza de mantequilla
- 1 taza de pollo cocido (funciona bien con rostizado), desmenuzado
- 1 taza de queso mozzarella, rallado
- Sal de mar y pimienta negra al gusto

Instrucciones:

1. Comienza elaborando una tanda de fideos de col (repollo), pero no los cocines.
2. Agrega la mantequilla a una olla grande a fuego medio.
3. Agrega los fideos de col (repollo) y saltea durante 7-10 minutos o hasta que los fideos de col (repollo) estén suaves.
4. Agrega el pollo cocido desmenuzado y agrega el queso.
5. Sazona con sal y pimienta.
6. ¡Buen Provecho!

Información Nutricional

Carbohidratos: 15 g
Fibra: 5 g
Carbohidratos Netos: 10 g
Grasa: 33 g
Proteína: 15 g
Calorías: 403

PASTA ALFREDO CREMOSA CON SALCHICHA Y PIMIENTOS (SG)

Tiempo de Preparación: 10 min   Tiempo de Cocción: 15-17 min   Porciones: 4   Nivel de Dificultad: 1   Costo: $

Ingredientes:

- 1 tanda de fideos de vegetales mixtos
- ½ taza de mantequilla
- 1 taza de crema espesa
- ¼ de taza de queso crema batido
- 1 taza de queso parmesano
- 2 salchichas, rebanadas
- 1 pimiento morrón rojo sin semillas, rebanado
- 1 pimiento morrón verde sin semillas, rebanado
- 1 cucharada de aceite de coco

Instrucciones:

1. Comienza elaborando una tanda de fideos de vegetales mixtos, pero no los cocines. Reserva.
2. Luego, agrega la mantequilla, la crema espesa, la crema batida y el queso parmesano a una olla grande a fuego lento a medio y revuelve hasta que el queso se derrita y la mezcla esté bien integrada.
3. Agrega los fideos de vegetales y cocina nuevamente por 5 minutos.
4. Mientras se cocinan la salsa y los fideos de vegetales,, precalienta una sartén grande a fuego medio con el aceite de coco. Cocina la salchicha y los pimientos durante 5-7 minutos o hasta que los pimientos estén suaves y la salchicha esté completamente cocida.
5. Mezcla la salchicha y los pimientos en la mezcla de fideos de vegetales y ¡disfrútalo!

Información Nutricional

Carbohidratos: 14 g
Fibra: 3 g
Carbohidratos Netos: 11 g
Grasa: 58 g
Proteína: 13 g
Calorías: 610

FIDEOS DE ZANAHORIA CON PAVO Y BRÓCOLI (SG)

Tiempo de Preparación: 10 min   Tiempo de Cocción: 13 min   Porciones: 4   Nivel de Dificultad: 2   Costo: $

Ingredientes:

- 1 tanda de fideos de zanahoria y jengibre rallados
- 454 g de carne de pavo molida
- 1 taza de floretes de brócoli
- 2 dientes de ajo, picados
- 1 cebolla amarilla dulce, picada
- 2 cucharadas de mantequilla clarificada (ghee)
- ¼ de taza de queso parmesano, rallado

Instrucciones:

1. Comienza elaborando una tanda de fideos de zanahoria y jengibre rallados, cocina y reserva.
2. Pon a hervir una olla grande de agua y hierve los floretes de brócoli durante 5 minutos o hasta que estén suaves.
3. Luego, precalienta una sartén grande a fuego medio con el ghee. Saltea la carne de pavo molida hasta que esté bien cocida y ya no esté rosada.
4. Agrega el ajo y la cebolla a la sartén y saltea por otros 3 minutos.
5. Agrega el brócoli cocido y los fideos de zanahoria y mezcla bien.
6. Disfruta con queso parmesano rallado espolvoreado.

Información Nutricional

Carbohidratos: 11 g
Fibra: 3 g
Carbohidratos Netos: 8 g
Grasa: 27 g
Proteína: 35 g
Calorías: 406

FIDEOS DE VEGETALES CON SALSA BOLOÑESA (SG)

Tiempo de Preparación: 15 min   Tiempo de Cocción: 8-10 min   Porciones: 4   Nivel de Dificultad: 2   Costo: $

Ingredientes:

- 1 tanda de fideos de vegetales mixtos
- 1 cucharada de aceite de oliva
- 454 g de carne de res molida
- 1 taza de salsa marinara sin azúcar agregada
- ½ cebolla amarilla dulce, picada
- 2 dientes de ajo, picados
- 2 cucharaditas de sazonador italiano
- ½ taza de perejil fresco, picado
- 1 taza de queso mozzarella, rallado
- Aceite de coco para cocinar

Instrucciones:

1. Comienza elaborando una tanda de fideos de vegetales mixtos, cocina y reserva.
2. Luego, precalienta una sartén grande a fuego medio con el aceite de coco y cocina la carne de res durante 7-10 minutos o hasta que esté dorada.
3. Agrega la salsa, el sazonador italiano, la cebolla y el ajo y saltea durante otros 3-4 minutos.
4. Agrega los fideos de vegetales cocidos a un tazón grande y cubre con la mezcla de carne molida.
5. Espolvorea con queso mozzarella y perejil.
6. Divide en cuatro porciones y disfruta.

Información Nutricional

Carbohidratos: 11 g
Fibra: 3 g
Carbohidratos Netos: 8 g
Grasa: 20 g
Proteína: 39 g
Calorías: 377

FIDEOS DE VEGETALES DE ENSALADA GRIEGA (SG)

Tiempo de Preparación: 10 min   Tiempo de Cocción: 5 min   Porciones: 4   Nivel de Dificultad: 1   Costo: $

Ingredientes:

- 1 tanda de fideos de vegetales mixtos
- 1 cebolla roja, finamente rebanada
- ½ taza de aceitunas negras, rebanadas
- 1 pepino, cortado por la mitad
- ½ taza de tomates cherry, cortados por la mitad
- ¼ de taza de aceite de oliva
- 1 cucharada de sazonador italiano
- ½ taza de queso feta, en cubos

Instrucciones:

1. Comienza elaborando una tanda de fideos de vegetales mixtos, cocina y reserva.
2. Luego, agrega los fideos de vegetales a un tazón grande y agrega todos los ingredientes restantes menos el queso feta y el aceite de oliva. Revuelve hasta integrar todo.
3. Rocía todo con aceite de oliva y agrega el queso feta en cubos. Revuelve otra vez.
4. ¡Enfría durante 30 minutos y disfruta!

Sugerencia para Servir: Para que sepa más a ensalada, puedes servirla sobre una cama de rúcula.

Información Nutricional

Carbohidratos: 15 g
Fibra: 4 g
Carbohidratos Netos: 11 g
Grasa: 28 g
Proteína: 5 g
Calorías: 316

FIDEOS DE VEGETALES CON PEPINO Y QUESO FETA (SG)

Tiempo de Preparación: 15 min (más el tiempo de enfriamiento)   Tiempo de Cocción: 5 min   Porciones: 4
Nivel de Dificultad: 1   Costo: $

Ingredientes:

- 1 tanda de fideos de vegetales mixtos
- 1 pepino, cortado en cuartos y picado
- ½ taza de queso feta, desmoronado
- ½ taza de rúcula
- ¼ de taza de aceite de oliva

Instrucciones:

1. Comienza elaborando una tanda de fideos de vegetales mixtos. Cocina y reserva en una olla o tazón grande para mezclar.
2. Agrega todos los ingredientes restantes y mezcla hasta integrar todo.
3. Enfría durante 15 a 30 minutos antes de servir.

Información Nutricional

Carbohidratos: 11 g
Fibra: 2 g
Carbohidratos Netos: 9 g
Grasa: 25 g
Proteína: 5 g
Calorías: 274

FIDEOS DE VEGETALES CON TOMATE, FETA Y ALBAHACA

Tiempo de Preparación: 10 min   Tiempo de Cocción: 10 min   Porciones: 4   Nivel de Dificultad: 2   Costo: $

Ingredientes:

- 1 tanda de fideos de vegetales mixtos
- ½ taza de albahaca fresca
- ½ taza de tomates cherry, cortados por la mitad
- ¼ de taza de aceite de oliva
- ½ taza de queso feta
- 2 dientes de ajo, picados
- 1 cucharada de sazonador italiano
- 1 cucharada de aceite de coco para cocinar

Instrucciones:

1. Comienza elaborando una tanda de fideos de vegetales mixtos, cocina y ponlos en un tazón.
2. Agrega el aceite de coco a una sartén a fuego medio y agrega los tomates y el ajo. Cocina por unos 3 a 5 minutos. Sazona con el sazonador italiano.
3. Agrega el aceite de oliva, los tomates, el ajo, el queso feta y la albahaca al tazón con los fideos de vegetales y mezcla hasta integrar todo.
4. Disfruta de inmediato.

Información Nutricional

Carbohidratos: 9 g
Fibra: 2 g
Carbohidratos Netos: 7 g
Grasa: 27 g
Proteína: 5 g
Calorías: 283

  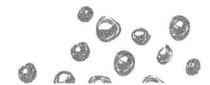

RECETAS DE FIDEOS DE HUEVO

FIDEOS DE HUEVO CON COL RIZADA Y AJO CON SALSA DE MANTEQUILLA DULCE (SG)

Tiempo de Preparación: 15 min   Tiempo de Cocción: 8-10 min   Porciones: 4   Nivel de Dificultad: 2   Costo: $

Ingredientes:

- 1 tanda de fideos de huevo con col rizada y ajo
- 5 cucharadas de mantequilla salada
- ¼ de taza de caldo de pollo o res
- 1 cucharadita de ajo en polvo
- 1 cucharadita de cebolla en polvo
- ½ cucharadita de sal de mar
- 1/8 cucharadita de pimienta negra molida

Instrucciones:

1. Comienza elaborando una tanda de fideos de col rizada y ajo, cocina y reserva.
2. Agrega la mantequilla a una cacerola a fuego medio-bajo y dora la mantequilla durante aproximadamente 3 minutos, dándole vueltas alrededor de la sartén con frecuencia.
3. Agrega la mantequilla derretida a una olla con los ingredientes restantes. Bate hasta integrar todo.
4. Hierve a fuego lento por 5-7 minutos.
5. ¡Agrega los fideos y disfruta!

Información Nutricional

Carbohidratos: 3 g
Fibra: 0 g
Carbohidratos Netos: 3 g
Grasa: 29 g
Proteína: 9 g
Calorías: 304

  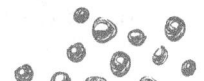

RECETAS CON PASTA COMERCIAL

LASAÑA CETOGÉNICA (SG)

Tiempo de Preparación: 15 min   Tiempo de Cocción: 30-35 min   Porciones: 6   Nivel de Dificultad: 2   Costo: $

Ingredientes:

- 1 lata de lasaña cetogénica (como los de la marca Palmini)
- 1 taza de salsa marinara sin azúcar agregada
- 1 taza de queso mozzarella, rallado
- 1 taza de queso ricota
- 2 dientes de ajo, picados
- ¼ de taza de queso parmesano, rallado

Instrucciones:

1. Primero enjuaga y escurre las láminas de lasaña.
2. Luego, precalienta el horno a 180°C y forra un molde para hornear con papel pergamino.
3. Agrega una capa de lasaña cetogénica al fondo del molde y cubre con una capa delgada de salsa. Agrega la mitad del queso mozzarella, la mitad del queso ricota y el ajo picado.
4. Agrega otra capa de lasaña y cubre con la salsa restante y el resto del queso.
5. Espolvorea con queso parmesano.
6. Hornea por 15 minutos.
7. ¡Buen Provecho!

Información Nutricional

Carbohidratos: 10 g
Fibra: 1 g
Carbohidratos Netos: 9 g
Grasa: 6 g
Proteína: 8 g
Calorías: 132

LASAÑA CETOGÉNICA DE CARNE DE RES (SG)

Tiempo de Preparación: 15 min   Tiempo de Cocción: 30-35 min   Porciones: 6   Nivel de Dificultad: 2   Costo: $

Ingredientes:

- 1 lata de lasaña cetogénica (como los de la marca Palmini)
- 1 taza de salsa marinara sin azúcar agregada
- 1 taza de queso mozzarella, rallado
- 1 taza de queso ricota
- 2 dientes de ajo, picados
- ¼ de taza de queso parmesano, rallado
- 454 g de carne de res molida, cocida

Instrucciones:

1. Primero enjuaga y escurre las láminas de lasaña.
2. Luego, precalienta el horno a 180°C y forra un molde para hornear con papel pergamino.
3. Agrega una capa de lasaña cetogénica al fondo del molde y cubre con una capa delgada de salsa. Agrega la mitad del queso mozzarella, la mitad del queso ricota y el ajo picado.
4. Agrega la mitad de la carne molida.
5. Agrega otra capa de lasaña y cubre con la salsa restante y el resto del queso y la carne molida restante.
6. Agrega una última capa de pasta.
7. Espolvorea con queso parmesano.
8. Hornea por 15 minutos.
9. ¡Buen Provecho!

Información Nutricional

Carbohidratos: 10 g
Fibra: 1 g
Carbohidratos Netos: 9 g
Grasa: 11 g

Proteína: 31 g
Calorías: 272

LASAÑA DE PAVO (SG)

Tiempo de Preparación: 15 min   Tiempo de Cocción: 30-35 min   Porciones: 4   Nivel de Dificultad: 2   Costo: $

Ingredientes:

- 1 tanda de lasaña
- 1 taza de salsa marinara sin azúcar agregada
- 1 taza de queso mozzarella, rallado
- 1 taza de queso ricota
- 2 dientes de ajo, picados
- ¼ de taza de queso parmesano, rallado
- 454 g de carne de pavo molida, cocida

Instrucciones:

1. Comienza elaborando una tanda de lasaña.
2. Luego, precalienta el horno a 180°C y forra un molde para hornear con papel pergamino.
3. Agrega una capa de lasaña cetogénica cocida al fondo del molde y cubre con una capa delgada de salsa. Agrega la mitad del queso mozzarella, la mitad del queso ricota y el ajo picado.
4. Agrega la mitad de la carne molida de pavo.
5. Agrega otra capa de lasaña y cubre con la mitad de la salsa restante y el resto del queso y la carne molida de pavo.
6. Agrega una capa final de lasaña y cubre con el resto de la salsa.
7. Espolvorea con queso parmesano.
8. Hornea por 15 minutos.
9. ¡Buen Provecho!

Información Nutricional

Carbohidratos: 14 g
Fibra: 2 g
Carbohidratos Netos: 12 g
Grasa: 39 g
Proteína: 55 g
Calorías: 626

FIDEOS SHIRATAKI CON SALSA DE AJO, TOMATE Y ALBAHACA (SG)

Tiempo de Preparación: 10 min   Tiempo de Cocción: 5 min   Porciones: 2   Nivel de Dificultad: 2   Costo: $

Ingredientes:

- 1 paquete de Fideos Shirataki (como Nasoya)
- ¼ de taza de mantequilla
- 1 taza de salsa marinara sin azúcar agregada
- 2 dientes de ajo, picados
- 1 taza de albahaca fresca, picada
- ¼ de taza de queso parmesano, rallado

Instrucciones:

1. Comienza agregando el paquete de Fideos Shirataki a una olla grande a fuego medio.
2. Agrega la mantequilla, la salsa marinara y el ajo, deja hervir.
3. Reduzca el calor, déjalos hervir a fuego lento y cocina por 5 minutos.
4. Sirve con albahaca fresca y queso parmesano.

Información Nutricional

Carbohidratos: 9 g
Fibra: 4 g
Carbohidratos Netos: 5 g
Grasa: 26 g
Proteína: 6 g
Calorías: 287

FIDEOS SHIRATAKI CON SALMÓN Y SALSA CREMOSA DE AJO (SG)

Tiempo de Preparación: 10 min   Tiempo de Cocción: 10 min   Porciones: 2   Nivel de Dificultad: 2   Costo: $

Ingredientes:

- 1 paquete de Fideos Shirataki (como Nasoya)
- 1 taza de crema espesa
- ½ taza de queso parmesano, rallado
- 2 dientes de ajo, picados
- 1 filete de salmón cocido, desmenuzado

Instrucciones:

1. Agrega la crema espesa, el queso parmesano y el ajo a una olla a fuego lento/medio y cocina a fuego lento. Hierve a fuego lento durante unos 5 minutos o hasta que la salsa comience a espesarse.
2. Agrega los fideos Shirataki y el salmón cocido, y cocina por otros 5 minutos.
3. Divide en cuatro porciones y disfruta.

Información Nutricional

Carbohidratos: 7 g
Fibra: 3 g
Carbohidratos Netos: 4 g
Grasa: 33 g
Proteína: 27 g
Calorías: 427

HORNEADO DE PASTA DE ATÚN (SG)

Tiempo de Preparación: 15 min   Tiempo de Cocción: 18-23 min   Porciones: 4   Nivel de Dificultad: 2   Costo: $

Ingredientes:

- 1 paquete de fetuccini cetogénico (como la pasta Shirataki Konjac de la marca Miracle Noodle)
- 3 cucharadas de mantequilla
- 2 dientes de ajo, picados
- 1 cebolla, picada
- 1 cucharada de harina de coco
- ¼ de taza de leche de almendras
- 1 taza de queso cheddar, rallado
- 1 lata de atún

Instrucciones:

1. Comienza precalentando el horno a 180°C y forra una bandeja para hornear con papel pergamino.
2. Agrega la mantequilla a una olla grande a fuego medio y saltea el ajo y la cebolla durante 3-5 minutos o hasta que estén transparentes.
3. Agrega la harina y bate con la leche de almendras. Revuelve hasta que la salsa se espese y luego agrega la mitad del queso.
4. Vierte los fideos cetogénicos y el atún en la mezcla de salsa y revuelve.
5. Vierte la mezcla en la bandeja para hornear forrada y cubre con el queso restante.
6. Hornea durante 15 minutos o hasta que el queso se derrita.

Información Nutricional

Carbohidratos: 8 g
Fibra: 5 g
Carbohidratos Netos: 3 g
Grasa: 26 g
Proteína: 20 g
Calorías: 336

FIDEOS DE SINGAPUR (SG)

Tiempo de Preparación: 15 min   Tiempo de Cocción: 18-23 min   Porciones: 4   Nivel de Dificultad: 2   Costo: $

Ingredientes:

- 1 paquete de fetuccini cetogénico (como la pasta Shirataki Konjac de la marca Miracle Noodle)
- 2 cucharadas de mantequilla
- 2 huevos
- 1 pimiento morrón rojo sin semillas, rebanado
- 1 cebolla amarilla dulce, picada
- 2 dientes de ajo, picados
- 1 cebollín, picado
- 12 camarones desvenados
- 1 cucharadita de salsa de pescado
- 1 cucharadita de aminoácidos de coco
- 1 cucharada de cilantro fresco, picado

Instrucciones:

1. Precalienta una sartén grande a fuego medio con 1 cucharada de mantequilla y rompe los huevos en la sartén. Revuélvelos y luego reserva.
2. Calienta otra sartén grande a fuego medio y añade la cucharada restante de mantequilla. Derrite la mantequilla y luego añade los camarones. Cocina los camarones durante unos 5 minutos por cada lado o hasta que estén rosados.
3. Agrega la cebolla, el ajo, el cebollín y el pimiento morrón y cocina durante otros 3 minutos.
4. Agrega el fetuccini y los huevos, y luego agrega la salsa de pescado y los aminoácidos de coco. Mezcla bien.
5. Sirve con cilantro fresco.

Información Nutricional

Carbohidratos: 10 g
Fibra: 4 g
Carbohidratos Netos: 6 g
Grasa: 9 g
Proteína: 19 g
Calorías: 196

PASTA PRIMAVERA (SG)

Tiempo de Preparación: 10 min   Tiempo de Cocción: 2 min   Porciones: 2   Nivel de Dificultad: 2   Costo: $

Ingredientes:

- 1 paquete de fetuccini cetogénico (como la pasta Shirataki Konjac de la marca Miracle Noodle)
- ¼ de taza de queso parmesano, rallado
- 4 rebanadas de tocino cocido, desmenuzadas
- 1 taza de tomates cherry, cortados por la mitad
- 2 cucharadas de perejil, picado
- 2 cucharadas de aceite de oliva
- 1 pizca de sal de mar y pimienta negra

Instrucciones:

1. Comienza hirviendo los fideos durante 2 minutos. Escurre y enjuaga.
2. Agrega el fetuccini cetogénico a un tazón grande para mezclar y agrega el aceite de oliva, la sal, la pimienta y el perejil. Mezcla bien.
3. Agrega el tocino desmenuzado y los tomates cherry.
4. Disfrútalos con una pizca extra de queso parmesano si lo deseas.

Información Nutricional

Carbohidratos: 6 g
Fibra: 3 g
Carbohidratos Netos: 3 g
Grasa: 33 g
Proteína: 19 g
Calorías: 385

FETUCCINI CON PESTO CREMOSO DE AGUACATE (SG)

Tiempo de Preparación: 10 min   Tiempo de Cocción: 2 min   Porciones: 4   Nivel de Dificultad: 2   Costo: $

Ingredientes:

- 1 paquete de fetuccini cetogénico (como la pasta Shirataki Konjac de la marca Miracle Noodle)
- 1 aguacate maduro, en cubos
- ¼ de taza de piñones
- ¼ de taza de aceite de oliva
- 2 dientes de ajo
- ¼ de taza de queso parmesano, rallado
- 1 pizca de sal y pimienta al gusto

Instrucciones:

1. Comienza hirviendo el fetuccini durante 2 minutos. Escurre y enjuaga, y reserva en un tazón grande para mezclar.
2. Agrega el aguacate, los piñones, el aceite de oliva, el ajo, la sal y la pimienta a un procesador de alimentos o mezcla usando una licuadora de inmersión.
3. Agrega el pesto al tazón y revuelve hasta cubrir la pasta.
4. ¡Espolvorea con queso parmesano y disfruta!

Información Nutricional

Carbohidratos: 7 g
Fibra: 6 g
Carbohidratos Netos: 1 g
Grasa: 30 g
Proteína: 4 g
Calorías: 291

FIDEOS SHIRATAKI CON SALSA DE VODKA Y PASTA PENNE (SG)

Tiempo de Preparación: 10 min   Tiempo de Cocción: 5 min   Porciones: 4   Nivel de Dificultad: 2   Costo: $

Ingredientes:

- 1 paquete de Fideos Shirataki (como Nasoya)
- 1 taza de crema espesa
- ½ taza de mantequilla
- 1 lata de 790 g de tomate molido
- ½ taza de vodka sin sabor
- ½ cebolla amarilla dulce
- 1 diente de ajo, picado
- ½ taza de queso parmesano, rallado
- 1 cucharada de sazonador italiano
- 1 cucharadita de sal de mar
- ¼ de cucharadita de pimienta negra molida

Instrucciones:

1. Agrega la mantequilla a una sartén grande y calienta hasta que se derrita.
2. Agrega la cebolla, el ajo y el vodka y, cocina por unos 5 minutos.
3. Agrega los tomates y el sazonador y revuelve bien.
4. Agrega la crema espesa y el queso parmesano y, revuelve hasta que el queso comience a derretirse.
5. Agrega los fideos Shirataki.
6. Sirve de inmediato.

Información Nutricional

Carbohidratos: 14 g
Fibra: 6 g
Carbohidratos Netos: 8 g
Grasa: 50 g
Proteína: 11 g
Calorías: 621

FETUCCINI CON SALSA DE MANTEQUILLA DE ALMENDRAS (SG)

Tiempo de Preparación: 10 min + tiempo de enfriamiento   Tiempo de Cocción: 7 min   Porciones: 2   Nivel de Dificultad: 2   Costo: $$

Ingredientes:

- 1 paquete de fetuccini cetogénico (como la pasta Shirataki Konjac de la marca Miracle Noodle)
- 1 taza de mantequilla de almendra sin azúcar
- ½ taza de aceite de oliva
- ¼ de taza de aminoácidos de coco
- 2 dientes de ajo, pelados y picados
- ½ cucharadita de sal de mar

Instrucciones:

1. Comienza hirviendo el fetuccini durante 2 minutos. Escurre y enjuaga, y reserva.
2. Luego, agrega todos los ingredientes restantes, menos la pasta, a una olla a fuego lento a medio y bate.
3. Calienta durante 20 minutos aproximadamente.
4. Retira del fuego y agrega los fideos fetuccini cocidos a la salsa de mantequilla de almendras y revuelve suavemente para cubrir los fideos.
5. ¡Buen Provecho!

Información Nutricional

Carbohidratos: 10 g
Fibra: 3 g
Carbohidratos Netos: 7 g
Grasa: 55 g
Proteína: 2 g
Calorías: 515

FIDEOS CON SALSA CREMOSA DE AJO Y QUESO CHEDDAR (SG)

Tiempo de Preparación: 15 min   Tiempo de Cocción: 5 min   Porciones: 4   Nivel de Dificultad: 2   Costo: $

Ingredientes:

- 1 paquete de Fideos Shirataki
- (como Nasoya)
- ¼ de taza de crema espesa
- ¼ de taza de queso crema
- ¾ de taza de queso cheddar, rallado
- 2 dientes de ajo picados
- 1 cucharadita de cebolla en polvo
- ½ cucharadita de pimentón

Instrucciones:

1. Coloca todos los ingredientes menos los fideos en una olla a fuego medio-bajo y bate hasta que todo quede bien integrado. Continúa batiendo hasta que el queso se derrita.
2. Agrega los fideos.
3. ¡Buen Provecho!

Información Nutricional

Carbohidratos: 6 g
Fibra: 3 g
Carbohidratos Netos: 3 g
Grasa: 15 g
Proteína: 8 g
Calorías: 182

Fideos con Salsa Holandesa de Eneldo (SG)

Tiempo de Preparación: 15 min   Tiempo de Cocción: 10 min   Porciones: 4   Nivel de Dificultad: 2   Costo: $

Ingredientes:

- 1 paquete de Fideos Shirataki (como Nasoya)
- ½ taza de mantequilla
- 3 yemas de huevo
- 1 cucharada de jugo de limón recién exprimido
- 1 cucharadita de eneldo recién picado
- ½ cucharadita de sal
- ¼ de cucharadita de pimienta negra molida

Instrucciones:

1. Comienza agregando la mantequilla en una cacerola a fuego medio.
2. Una vez que la mantequilla se haya derretido, agrega los ingredientes restantes excepto el eneldo y los fideos, y bate.
3. Agrega los fideos y el eneldo y revuelve bien.
4. ¡Buen Provecho!

Información Nutricional

Carbohidratos: 5 g
Fibra: 3 g
Carbohidratos Netos: 2 g
Grasa: 26 g
Proteína: 3 g
Calorías: 260

FETUCCINI CON SALSA CREMOSA DE VEGETALES (SG)

Tiempo de Preparación: 10 min   Tiempo de Cocción: 6 min   Porciones: 2   Nivel de Dificultad: 2   Costo: $

Ingredientes:

- 1 paquete de fetuccini cetogénico (como la pasta Shirataki Konjac de la marca Miracle Noodle))
- 1 taza de coliflor en arroz (desmoronada hasta que parezca arroz)
- 1 taza de crema ácida
- ½ taza de queso parmesano, rallado
- 1 cucharada de jugo de limón recién exprimido
- 1 cucharadita de sazonador italiano
- ½ cucharadita de sal de mar

Instrucciones:

1. Comienza hirviendo el fetuccini durante 2 minutos. Escurre y enjuaga, y reserva en una olla o tazón grande.
2. Luego, agrega todos los ingredientes de la salsa a una olla a fuego bajo a medio y bate.
3. Calienta durante unos 5 minutos y luego vierte sobre los fideos cocidos.
4. Disfruta de inmediato.

Información Nutricional

Carbohidratos: 10 g
Fibra: 3 g
Carbohidratos Netos: 7 g
Grasa: 30 g
Proteína: 12 g
Calorías: 351

Derechos de Autor 2020 por Elizabeth Jane - Todos los derechos reservados.

ISBN: 978-1-953607-06-5

Para permisos contactar a:

elizabeth@ketojane.com o visita http://ketojane.com/

Este documento está orientado a proporcionar información exacta y confiable con respecto al tema y asunto cubierto. La publicación se vende con la idea de que el editor no está obligado a prestar asesoramiento profesional, autorizado oficialmente o de otro modo, prestar servicios calificados. Si se requiere asesoría, legal o profesional, se debe buscar a una persona con experiencia en la profesión.

A partir de una Declaración de Principios que fue aceptada y aprobada igualmente por un Comité de la Asociación Americana de Abogados y un Comité de Editores y Asociaciones.

De ninguna manera es legal reproducir, duplicar o transmitir cualquier parte de este documento, ya sea por medios electrónicos o en formato impreso. Está estrictamente prohibida la grabación de esta publicación, así mismo, no está permitido cualquier tipo de almacenamiento de este documento, a menos que posea un permiso por escrito del editor. Todos los derechos reservados.

Se declara que la información proporcionada en este documento es veraz y coherente, en el sentido de que cualquier responsabilidad, en términos de falta de atención o de otro tipo, por el uso o abuso de cualquier política, procesos o indicaciones contenidos en este documento es responsabilidad única y absoluta del lector receptor. Bajo ninguna circunstancia se hará responsable o culpable legalmente al editor por cualquier reparación, daño o pérdida monetaria debida a la información aquí contenida, ya sea directa o indirectamente.

La información aquí contenida se ofrece únicamente con fines informativos, como tal, es universal. La presentación de la información se realiza sin contrato y sin ningún tipo de garantía.

La autora no es una profesional con licencia, ni médico ni profesional médico, y no ofrece tratamientos médicos, diagnósticos, sugerencias o asesorías. La información presentada en este documento no ha sido evaluada por la Administración de Drogas y Alimentos de los EE. UU. (FDA, por sus siglas en inglés), y no tiene la intención de diagnosticar, tratar, curar o prevenir ninguna enfermedad. Se debe obtener la autorización médica completa por parte de médico con licencia, antes de comenzar o modificar cualquier programa de dieta, ejercicio o estilo de vida, y se debe informar a los médicos de todos los cambios nutricionales.

La autora no asume ninguna responsabilidad ante ninguna persona o entidad por cualquier responsabilidad, pérdida o daño causado o presuntamente causado directa o indirectamente como resultado del uso, aplicación o interpretación de la información presentada en este documento.

www.ingramcontent.com/pod-product-compliance
Lightning Source LLC
Chambersburg PA
CBHW081158070526

44583CB00021B/2895